MITOLOGÍAS12
LITERATURA

Ángel Blanco Villar

MITOLOGÍAS12
Literatura

deauno.com

Blanco Villar, Ángel
    Mitologías12: Literatura. - 1a ed. - Buenos Aires:
Deauno.com, 2009.
    90 p. ; 21x15 cm.

    ISBN 978-987-1462-99-5

    1. Poesía Española. I. Título
    CDD E861

Primera edición

ISBN: 978-987-1462-99-5

Hecho el depósito que marca la Ley 11.723

Impreso en el mes de abril de 2009 en
Docuprint S.A., Rivadavia 701,
Buenos Aires, Argentina.

Il mestiere de soñar ser un poeta

LITERATURA

"El arte es una tontería"

Rimbaud

"En el poeta mora lo infinito"

Víctor Hugo

"No hay hombre más seguro de sí mismo que un mal poeta"

Marcial

"Yo sé que la poesía es imprescindible pero no sé porqué"

Cocteau

"Los escritores son gente patética"

Hughes

"La poesía es la verdad que habita en la belleza"

Gilfillan

"Los poetas tienen permiso para mentir"

Plinio el Joven

"La literatura nutre el alma y la consuela"

Voltaire

"Hacer versos malos depara más felicidad

que leer los versos más bellos"

H. Hesse

"La poesía, lenguaje de Dioses"

F. Holderlind

VÍNCULO

Nada
Nada de nada
o menos que eso, menos que uno
Menos que nada
Menos de lo que ahora soy
sería
Si en mi fugaz juventud
no hubiese leído tus poemas
arrollados de piel lluvia y espanto
Así como Mallarmé leyó todos los libros
yo solo te leí a ti
y fue suficiente para maldecir al tirano y al esbirro
Para injuriar la ingratitud la traición el olvido.

RIMBAUD

Jugó –a su manera– a ser un niño
modélico familiar aplicado ejemplar
Fue un adolescente insoportable furioso inocente
rebelde genial
Edificó un Destino
Más tarde sintió en sus propias carnes
el azogue y las heridas
el trabajo la fatiga y los abismales e inciertos días
Conoció la cotidianidad más embrutecedora
la deslealtad más insufrible el amor más humano
la belleza más amarga la vida menos soñada
Alimentó leyendas mitos falsedades
Murió joven solo y olvidado
Quizás para nada
Quizás como él siempre había intuido tal vez para nada
Cuando toda su biografía todo su vagabundeo extraño
incluso en su más tierna infancia
tal vez solo fuese un deseo ciego
de alcanzar una libertad que todos le negaban
de escupir sobre todo aquello
que de una u otra forma más amaba y odiaba.

EXPERIENCIA Y SENSIBILIDAD

Cada nuevo amanecer escribir publicar un poema
es más fácil más barato que ayer
Basta recordar alguna cancioncilla pop inglesa
o balada interracial americana
citar explorar algún verso
de cualquier poeta francés del siglo XIX
mucha incontinencia o abstinencia verbal
depende del reemplazo
autodestructiva amoral y Cernuda en estos tiempos
siempre Cernuda
Escribir a doble espacio sellar lo inefable
Enviar horas después a la redacción
de alguna editorial clandestina o cibernética
Sin haber cumplido los 18
creer fingir que ya lo has vivido todo
o cumplidos los 80
descubrir fingir que no has vivido nada.

MALEZA

Nadie habla de ti por las mañanas
nadie pronuncia tu nombre sin morderse antes la lengua
sin tocar madera
No te incluyen en antologías crepusculares
cruzan al unísono a la otra acera para no saludarte
no imprimen tu locura cotidiana real o falsa
en suplementos dominicales
ocupadas sus paginas por los Trueba Montero
Rivas Millás Torres Molinas Celas Marías Umbrales de turno
No recuerdan que tú también disfrutaste
de una juventud comprometida heroica salvaje dorada
No reconocen que aún estas vivo
Te ignoran te han condenado al exilio
sin jurar amor a ninguna patria
te han enterrado en vida sin haber renunciado a la palabra
Oh! vamos no les des importancia
y por favor sigue escribiendo sigue fumando.

OCIOSIDAD

Algunas tardes leo poesía cualquier tipo de poesía
el primer libro que se pone al alcance de mis ojos
casi ciegos y cansados
el primer libro que tengo a mano
Cualquier poeta me vale cualquier poesía
Hace tiempo que he asumido
que la poesía no va a cambiar nada
que no va a cambiarme para nada
que no va a hacerme mejor ni a perturbar mis planes
que no va a hacerme más feliz más inteligente más afortunado
aunque la verdad tampoco me importa demasiado ahora
alcanzar todos esos vicios y vanidades humanas
Como muy bien anotó Pavese en su diario
un 14 de julio de 1946 cuatro años antes
de silenciar su vida para siempre
"escribir una poesía nunca ha cambiado nada"
y si escribir una poesía no va a cambiar nada
mucho menos cambiará leerla por mucho que alguien lo sueñe
lo desee lo crea
Algunas tardes confieso sin rubor en mis labios adultos
leo poesía cualquier poesía
estoy solo siempre estoy solo
y desde muy joven no aprendí a ocupar
mi tiempo libre en algo distinto en algo mejor
cualquier poesía me vale
incluso la más carcelaria la más criptográfica
la más inimaginable la más pura la más sanguinaria
pero sigue por más que ahora yo lo desee sin significar nada

Leer poesía –en mi caso–
es solo otra manera de pasar las horas muertas
un hábito de otros tiempos un intento de no aburrirme
de que mi mente no se llene de instintos asesinos
de inclinaciones suicidas
de que mi sistema nervioso circulatorio digestivo límbico no explote
es una manera más tan buena tan mala como cualquier otra
de soportar la soledad la incomprensión y la intemperie
Otras tardes por supuesto paseo por los alrededores
de un bosque vulgar e impenetrable
de un paraiso de ficción lujo y cenizas
veo la televisión púbica alimento a mis animales
enciendo el fuego de un hogar añorado
hablo con los impresentables
Y no hay color tampoco hay color
entre una cosa y la otra
¡No! No me interpretes mal no renuncies a nada
No hay diferencia demasiada diferencia
entre esto y aquello entre tú y yo
entre este mundo y el más allá. Ninguna
No hay redención nunca habrá redencion para los culpables

ESPESURA

Cuando pienso cuando me paro a pensar
en la cantidad de poetas que he leído
Milton Wolfe Eladio Horta Kavafis Poe Vallejo
Antología Palatina haikus chinos japoneses vietnamitas hindús
Baudelaire Blake Mallarmé Verlaine
Dylan Thomas la generación del 50
la generación perdida la beat la renombrada ..
la del 27 la del 99 los novísimos los post novísimos
Campoamor Rubén Darío Benedetti Neruda
Seamus Heany Rilke Eliot Sylvia Plath Espriu
Elizabeth Bishop E. E. Cummigs Manuel María
Mendez Ferrin Derek Walcott Machado
David Gonzalez Pablo García Casado Eugenio Montale
Salvatore Quasimodo Allen Ginsberg Yeats Isabel Pérez
Angel González Apollinaire Brodsky...

Cuando pienso en las horas libres
en las pestañas quemadas en las digestiones pesadas
en el tiempo transcurrido entre el ayer y el mañana
me dan ganas de saltar gritar
como el rey de una tribu extinguida
en el combate final de los inmortales
Me dan ganas de llorar
como una plañidera cualquiera.

ÉXTASIS

Yo... ¿un poeta?
A veces me daba risa floja
mi vanidad mi soberbia
mi ingenuidad mórbida farisea
¿Yo un poeta?
así a veces así se sentía así me sentía
realmente un poeta.

EPIDEMIA

Repiten con una cierta desgana todos los domingos
con una gran dosis de pesimismo adulterado
justificador de sus maldades
con un semblante serio de fatalidad intelectual
digno del mejor actor de provincias
"no se puede ser poeta siempre"
"la belleza es horrible si es eterna"
Y sin embargo para nada denuncian la intransigencia
nada dicen de ser idiota siempre de la facilidad humana
de ser insípidos corruptos hipócritas
de ser opresores fanáticos mediocres todo el tiempo
Esa verdad no les resulta tan insoportable tan intolerante
tan evidente
Sí... también yo acepto lo difícil que es ser poeta siempre
aún en los momentos sobre todo más cobardes y ruines de la vida
"ser poeta siempre"
la dificultad de ser poeta entre siervos y propietarios
Pero al menos inténtalo en tus ratos libres lucha por ello haz
un esfuerzo
Para no olvidar nunca en todos estos momentos cotidianos
e indefensos todo lo que significa ser poeta por siempre jamás.

RABIETA

A W. R.

No escribiré nunca lo que los otros quieran que escriba
No escribiré nunca para los demás para el "pueblo recio sabio
y llano"
Escribiré siempre lo que quiero lo que siento lo que pienso
o al menos eso creo –lo que soy–
Únicamente lo que soy o imagino ser
No escribiré nunca para el palco de butacas para la galería
o el gallinero
No escribiré nunca lo que el público demande
No escribiré nunca para todos esos idiotas
que se pasan la vida persiguiendo inmortalidades venialidades
No leeré mis versos en liceos palacetes aristocráticos de invierno
No firmaré dedicatorias amables a multitudes fogosas
indecentes
Nunca les daré gusto a los filólogos académicos
sátrapas bienpensantes
políticos déspotas arrogantes
Nunca escribiré para nadie.

PESSOA

De pie tal y como él escribía a la mañana siguiente
saboreando un cigarrillo
quemando mi vida como él quemó la suya
mirando el mar soñando el mar como él soñó el suyo
intento escribir un poema
otro poema que le haga justicia
o al menos que le recuerde en este día triunfal y necio
Esta tarde te cuento –nadie más merece saberlo– por primera vez
después de tantos años
ella ha sido generosa conmigo
su voz fue prácticamente ininteligible
como un susurro avergonzado
en unos labios ruborizados y juveniles
Solo supe darle las gracias
y mirar para el otro lado de la pantalla
sin prestarle más atención que esa humilde palabra
aunque mi alma estalló vociferó alegría y esperanza
Si le declarara mi amor tal vez fuese feliz
pero el cigarro se acaba como la vida
como la esperanza como mi vida se acaba
Visto lo cual le doy la última calada
y aun incandescente lo tiro lejos
Y el poema que pretendía homenajearte
ese gesto inútil y causal de una tarde lluviosa
también se acaba sin explicar nada –sin ser nada–
sin festejar nada sin recordar nada
sin morir-vivir por nada por nadie.

MATIZ

Entre las páginas amarillentas de una Antología Húngara
encuentro una vieja fotografía que desvela como pocas cosas
en mi vida
una juventud olvidada y perdida en las acequias
de un tiempo imposible
Una vieja fotografía en blanco y negro tomada por un viejo
mulato habanero
frente al Capitolio en la Plaza de la Revolución
un día sofocante del mes de Diciembre de 1987.

RENCOR

El primer verso te lo regalan los dioses
el último tal vez te lo regales tú mismo
para concluir la tarde
para saciar tu indiferencia hacia la muerte
hacia los dioses samaritanos
y de paso destrozar algún que otro enemigo distante
Entre el principio y el fin de este arrebato insultante
de este caos sicosomático
de esta vorágine crepuscular e imperecedera
sólo la vulgaridad creativa intuitiva humana
gime mendiga gestiona amor entre líneas opacas
selladas por la frustración y el delirio
la compasión y el pánico.

TIRANÍA

Desde una falsa camaradería
sin atisbos de modestia alguna
Desde una fingida naturalidad ficticia
sin ánimo de venganza expresa
Desde una soberbia antigua
sin importarme un pimiento sus múltiples exegetas
escribo desde mi rincón de ciego de nacimiento
después de leer una Antología de su poesía
Borges el príncipe de la erudición obsesiva
el anglosajón incierto y arrabalero
no fue tocado por la varita de los dioses
careció de pudor para dominar el arte de la poesía
Borges el hombre que lo fue todo
no consiguió llegar a ser un buen poeta
Aunque sin rencor bien se lo merecía.

NOBLEZA

Al contrario que todos esos poetas
grandes y pequeños poetas
perdedores o vanidosos poetas
que segundos antes de morir
disponen en versos lastimosos
sus deseos más lamentables
Legan sus pertenencias mas íntimas
sus enseres más cotidianos
a un futuro a una humanidad
que les desprecia les ignora
o los halaga según la luna o el tirano
Yo nada dejo
porque nada tengo ni nada quiero dejar
Porque nada merece la pena ser legado
a esta chusma encendida de debates
estadísticas múltiples y sucias postrimerías.

PARIDAD

Abandono la lectura de un libro de poesía feroz
–aunque yo creo que no es para tanto–
cuando el Manchester United empata su partido
ante la Juventus en Turín
2-2 en solo treinta y dos minutos de juego
Es un partido apasionante dice el ultrasurfista J.A. de la Casa
y yo lo corroboro sin miedo
Desde los tiempos en los que jugaba en su equipo
aquel genial jugador
llamado George Best –sobre todo por él– siento una gran simpatía
por el Manchester United y deseo que gane esta noche su partido
frente a los italianos
y esta razón de peso será la que haga que no sienta ningún
remordimiento por elegir un partido de fútbol
a un libro de poesía feroz hambrienta
Masticando bien mi rencor reflexiono qué diferencia hay
si hay diferencia
entre ver un partido de fútbol y leer un libro de poesía feroz
Las dos cosas a la larga terminan por ser una misma cosa
una perdida absoluta y estúpida de tiempo de vida.

GÉNESIS

Rilke escuchaba voces puras angelicales
Valery hablaba de dioses
Holderlind añoraba Grecia
Kavafis recordaba cuerpos jóvenes y proletarios
Milton vivía –encerrado– en un paraíso
Blake inventaba mitologías
Bukowski se refugiaba en albergues de ínfima categoría...

Quizá algún día yo también
reconozca encuentre descubra el germen de mi malestar supremo
la furia desatada de mi desamparo
el sonido carnal de mi iconoclastia anónima vanidosa furtiva.

EXISTENCIALISMO

A R.W.

Nadie fracasa en la vida
por más que la vida le trate injustamente
por más que la vida lo maltrate cobardemente
le humille continuamente
cuando a su lado tiene
mujer hijos familia verbos amigos
que le amen que le cuiden que le griten
Cuando a su lado tiene a alguien que le caliente su camita
que le lama sus heriditas
que le traduzca al francés sus poemitas
Nadie fracasa en la vida
si a la hora de dormir alguien a tu lado
acuna tus delirios de inmortalidad y belleza

DÉBITO

Leer a Pessoa para mi plúmbea mediocre aburrida vida
tiene el mismo efecto
que una inyección de adrenalina
para un moribundo enfermo terminal
Como un pico de heroína
para un yonki en apuros simiescos en mono sideral.

OFICIO

Escribir desde el más profundo dolor
desde la más arriesgada culpa
obliga a los cobardes a los culpables
a mentir descaradamente compulsivamente
metafóricamente
Empuja a los hombres
a sobrevivir desesperadamente
Nadie merecía la muerte menos que él
Nadie amaba la vida tanto como él
Nadie.

DEVOCIÓN

...a su manera

A mis hermanos a todos aquellos que no he llegado a conocer
A mis amigos a todos aquellos que nunca he podido tener
A las mujeres de mis semejantes y extraños
A los poetas que nunca he podido leer
A *** por regalarme la otra noche un maravilloso sueño
A mis mujeres a las mujeres que me han amado en secreto
y también a aquellas que nunca lo hicieron
A Sor *** que limpiaba mis vómitos espantosos en el Preventorio
Nacional ¡Arriba España! con verdadera devoción rimbaldiana
que me cuidaba en los postres como si yo fuera su hijo añorado
A los pobres que –nunca– fuimos Por ellos
bebed y embriagaros Por Daniel
A las mujeres que yo he amado. A Blanca
A la nieve que inmortalizo una infancia
un paraíso de frialdad y belleza
A G*** por sus besos dulces y enamorados prematrimoniales
por sus cartas llenas de deseos imposibles irrealizables
A la tierra que inicio un romance inacabado
A Onuava tempestad niebla y fracaso
A todos aquellos que aplaudieron mis comezones juveniles
A Rimbaud Una noche senté a la belleza ....
por si alguien me lee sepa que todo se lo debo a él y a su jactancia
A San Miguel de B**** y a Santa Maria de C****
cuna idílica de mis despropósitos románticos
de mis caracteres patrióticos de mis oraciones paganas
Á TERRA NAI
A la lluvia y al frío al paisaje y al colectivo mitificado
y gregario de los mineros. A ÉL. A ELLA
A los rostros que acariciaron lúbricamente mis sueños

A la dama madrugadora y a su perrito que todas las mañanas
pasaban delante de mi ventana en busca de su almuerzo
lactescente
A *** por segunda vez por su sonrisa y su saludo de esta tarde
no la había vuelto a ver desde aquella noche que gozamos y
compartimos juntos un delicado sueño
A la eterna y fiel compañera por sus silencios por sus desvelos
A la aterradora sombra que todos proyectamos sobre la tierra
A la penumbra a la noche que precede a todos los días
A la gente de Penela de V*** da Valiña de M*** de Castiñeira
da Taberna
de R***** da Xesta de Castrovilar
Al bisabuelo que nadie supo quien era excepto claro está mi
bisabuela
A los trabajadores del futuro a las mujeres del mañana a sus mamás
A B**** por permitirme a mis 42 años corretear por los bos-
ques por los cielos
por hacerme aun creer que lo imposible era real posible
o al menos deseable

A los degenerados que ilustraron pervirtieron mi juventud mi belleza
A ellos también les debo arrogancia valor y destreza
A Jim a Neil a tantos otros. Entonces pero no ahora
A los días soleados del mañana a los ríos y a las fuentes agotadas
A Irene por su bondad por pertenecer a una rara estirpe a una
generación alada
a otras latitudes. Por su fe por su municipalidad por ser de
todos y de nadie
por cumplir eficazmente amablemente su trabajo
Al Espíritu Errante al aliento vital que anida en cada una de las
partículas del Universo. A todos los Dioses desconocidos. A Dios
Al Dios de Israel solo le pido facilidades de pago LEJAIM.

RITUAL

Sobre un poema de R. L.

Aunque no exclusivo de nuestra época
si acentuado subliminalmente en ella
Por quién?
Por quien todos sabemos
Hay que matar al padre al hijo al espíritu santo
a quien sea a quién se ponga por delante a tiro de piedra
al maestro al alumno al vecino al amante
a quién esté en el sitio equivocado en el momento equivocado
Para poder salir a la calle
sin sentir vergüenza
sin que nuestra virilidad se tambalee
Este es nuestro tiempo así son nuestros autores preferidos
Nuestro querido e irrepetible tiempo
de sicarios necrófilos caníbales indolentes y parricidas.

RELECTURA

En mis frívolos necios e inútiles poemas
"solo" he encontrado la fuerza necesaria
para seguir viviendo
No fue mi instinto mi esperanza
mi fe en las cosas bien hechas
la sustancia que lleno de amor
las profundidades oscuras de mi piel herida
Fueron sin duda
mis palabras campesinas arrogantes escritas
en cuadernos cuadriculares circunstanciales
la causa real que obligó a mi corazón
a seguir latiendo
Esa es mi ventaja mi verdad sobre ellos
sobre la mar sobre las tinieblas
sobre mí sobre todas las cosas….

ANTÍDOTO

No puedo creerte
No puedo amarte
Hablas como una vieja folclórica
Escribes como una poetisa hispánica
Eres superior a mis fuerzas
a mi deseo
Tu vulgaridad anula arruina
todo mi libido putrefacto.

OFRENDA

Ser un poeta más
entre tantos malos o ilustres poetas
Escribir laboriosamente
cada mañana
Tarde siesta noche fiesta
sin preocuparme demasiado
por la solidaridad y el fracaso propio o ajeno
Pasar entre arrozales y trigales
lagos charcas apestadas de renacuajos
Crecer envejecer masticando laureles
Confesar más tarde que he vivido
Descubrir al final de la jornada
que todo ha sido en vano
el hábito de fumar incluido

Por segunda vez escribo. NO GRACIAS .

CALIGRAFÍA

No busco la luz el esplendor
lo translúcido lo embriagador
lo perfecto lo inmaterial lo trascendente
en mis poemas
Yo no leo a Federico a Neruda a Balzac
a Rafael a Benedetti a Baudaleire a Gimferrer a Rubén Dario
No busco la rosa perfumada y altiva
la felicidad de ciertos indigentes asustadizos
No busco la ira ciega del militante aguerrido
del ideólogo de las espinas y los postreros días
Busco la vida sombra y cielo
noche y día
sueños y mentiras
En mis torpes poemas busco la verdad híbrida
metafísica de la vida
Leo mi silencio mi angustia mi soledad
a Celso Emilio a Ungaretti a Fernando a Rimbaud
Esa voz indomable insobornable
que nos ronronea que nos sermonea
cada día todo el día
que nos acompaña servilmente piadosamente
en noches de luna fría
Que nos rescata amablemente generosamente
en horas convulsas desordenadas
de la barbarie de la estupidez de la ignominia

BODEGÓN

En el hogar vacío frío áspero
apátrida ajeno
Sobre una vieja mesa de la nostálgica cocina
un cestillo rebosante de manzanas rojas
unos azucarillos un mechero de veinte duros
un ejemplar arrugado manoseado de las Hojas de Hierba
de Whitman
un cenicero de cristal un boleto de lotería
un vaso de vino un cigarrillo humeante una falsa coartada
Bordeando una frontera ficticia
Merodeando alrededor de todo esto
Vagabundeando por un tiempo por un espacio
intimo e innegociable
un espíritu se encorva se encoge se dobla
para escribir un poema
un poema menor e irreverente
un poema inhóspito que le haga olvidar este tedio
que le haga recordar en un preciso momento otro cielo
permanentemente asustado indefenso insatisfecho.

HOMENAJE

No moriré en París
ni en ningún otro lugar
con aguacero
un día cualquiera
del cual guardo ya un feliz recuerdo
cansado de vivir
y de agrios desprecios
Cansado de sufrir
y buscar remedios.

IMPULSO

Tengo en algún lugar de mi corazón
sobre mi conciencia
todos los ingredientes necesarios para escribir un poema
un gran poema un violento poema
que aunque nada nuevo ofrezca
obnubilará a algún adolescente ingenuo
que sentirá al leerlo
que Dios existe que la Virgen María se le ha aparecido
que la libertad es cosa digna
que la inspiración derriba todas las murallas
que la humanidad es cosa fina
Un bolígrafo un papel en blanco
una mesa donde apoyarme
una silla donde sentarme
soledad la suficiente la deseada
rabia frustración ira vanidad mucha vanidad
y un ligero resentimiento odio-amor hacia la vida
Tengo en mis manos
sobre mi conciencia
todos los ingredientes necesarios para escribir un poema
un poema un simple poema
un mínimo poema que no escribiré
que jamás escribiré.

INSOMNIOS

Páginas en blanco de un libro nunca escrito
Líneas escritas de una novela insignificante
Versos perdidos de un poemario invisible inexistente
inexplicable aciago inapelable

POETAS

Con abundante ira en mis relojes
recopilo mis escritos
ordeno mis pensamientos
para entregárselos indemnes a una posteridad enferma
Y probablemente dentro de algunos años
nadie sabrá que he existido que he vivido.

DESAHUCIO

A J.A.V.

Golpeado por el dolor por la crueldad de la vida
por la genialidad de los otros
por la enfermedad y la poesía
Su rostro aún adolescente su mirada vivaz y despierta
bajo una máscara de terror dolor
consume sus últimos días sin atisbos de rencor
de maldición y de venganza mutua
Así me gustaría a mí también
enfrentarme a la muerte
así de esa manera
lúcida sonriente animal humana.

CÓCTEL

Agotadas las formas el estilo las palabras
Despreciado el mestizaje por burgués
demócrata racista banal colonialista y reaccionario
Qué puedo yo hacer pensar soñar escribir
sin parecer un aplicado escolapio
un triunfador un perdedor arrogante
un tertuliano de la televisión pública o privada
un laureado congresista real o imaginario
Sin parecer o ser un poeta ocasional amanerado o proletario
Qué puedo qué debo escribir en aras de la verdad qué puedo escribir
para poder seguir sobreviviendo como si nada.

FE

Todavía hoy me creo un poeta
Todavía hoy aspiro a escribir poesía
Todavía hoy me siento un poeta
Aún

DIALÉCTICA

Escribo palabras atormentadas aterradoras malintencionadas
tengo sentimientos insospechados contradictorios
emociones bíblicas sueños esclavizantes idiotas
Profundizo en mis volcanes
Falsifico la distancia
Purifico mi alma
Eludo una vez más mi áspero compromiso.

FORTALEZA

No hay poética al acercarse a los 50
solo
con la cara cubierta marcada
de arrugas y ojeras
con el alma perdida humillada
resentida
la piel embalsamada amortajada
Sin un poema concluido reconocido
leído
Sin nadie junto a ti
que reconozca tus miserias
que consuele y mitigue tu indecencia
sin nadie a tu lado
para alejar de tu corazón el fracaso el miedo

No hay poética posible
ni justificación alguna.

FIDELIDAD

De tanto insistir tal vez salven
un verso mío –uno solo–
equivocado o no mañana
Y ese verso equivocado o no mañana
quizá sea mi humilde carnal
sublime ínfimo único destino castigo

NAUFRAGIOS

También yo hoy Ungaretti
mirando estos agros abandonados
estas leiras olvidadas
estos muros derruidos
estos hogares perdidos
estos rostros envejecidos
estas lápidas desconocidas
Encadenado a mi nostalgia
También hoy yo Ungaretti
recordando aquellas tardes de verano
aquellas palabras humilladas y ofendidas
aquellas vidas fingidas
aquellos cuentos de cielo humo y frío
También yo Ungaretti
ahíto de reproches éxodos y olvidos
–atento a los rumores de la lluvia y del viento–
me siento ungido por mi sangre campesina
represaliado avergonzado
dignificado orgulloso de mi sangre galaica telúrica
invicta

ESCLAVITUD

Llevo algún tiempo mirando debajo de la cama antes de acostarme
después de arrodillarme para rezar mis oraciones
antes de leer unos fragmentos de las Iluminaciones rimbaldianas
mi mejor amante para compartir mi duelo
Llevo algunos años cerrando mis ojos cada noche
con la esperanza cierta de un despertar incendiario
Llevo un tiempo sin poder conciliar el sueño
Sin poder soñar escribir vivir mi sueño.

CHACAL

Recordando una entrevista

Por más polvos que haya echado en su miserable y africanista vida
Por más polvos que pueda echar en su insignificante tiempo
que aún le resta de vida
Él nunca podrá escribir palabras versos tan reales tan amargos
algo tan hermoso edificante orgiástico como " Cruzou por min.."
"Lisboa Revisited" y tantos otros poemas
Por mucho que se la pele o se la pelen
siempre será un mezquino y mediocre cuentista
un escritor abetunado de libros para estanterías de supermercados
de últimas paginas de suplementos dominicales
en periódicos de provincias
mesetarios capitalinos

NATURISMO

Leí tus poemas bajo un cielo nublado
desnudo y sin poder ver ni entender
ni una sola de tus palabras
después de asistir a un velatorio forzado
Leí tus poemas tus tristes poemas
bajo una fina lluvia de nácar
sin comprender ni una sola de tus palabras
nada de todo aquello por lo que luchabas
Nada de todo aquello que decías que anhelabas
amabas y repudiabas.

IDEAL

Podría escribir un poema sobre el terciopelo
pero su tacto me produce severos escalofríos
Podría escribir un poema sobre la nieve
pero traicionaría mi infancia mi niñez y mi savia
Podría escribir un poema sobre el futuro inmediato o más lejano
pero me aterra el futuro inmediato y lejano
Podría escribir un poema sobre asuntos políticos o sociales
pero desprecio la demagogia y el ruido de las masas
Podría escribir un poema sobre la belleza
pero mi francés es muy deficiente y ordinario
Podría escribir un poema sobre mí
pero no encontraría palabras no tendría el valor
necesario para reflejar hipocresía y rabia
Podría escribir un poema sobre ella
pero solo balbucearía cursilería y fracaso
Podría escribir un poema sobre la nada
pero desconozco su caligrafía exacta
Podría escribir un poema sobre la poesía
pero necesitaría carezco de humildad y filantropía
Podría escribir un poema que me llenara de gloria
e iluminara mis días
pero mis orígenes son humildes nací escuchando
barro estiércol y aullidos
–En fin...–
Podría renunciar a la poesía pero tampoco
mi sucia e irreverente soledad se aburriría protestaría
Podría escribir...
Podría pero aún no puedo.

RETÓRICA

Que coñazo esos poetas academicistas
existencialistas economicistas novísimos
post-novísimos vanguardistas futuristas
naturistas narcisistas realistas funcionarios
pesimistas modernistas albinistas calvinistas puristas
terroristas culturalistas generacionistas
experimentalistas burócratas jornalistas...
¡Qué coñazo su poesía!
¡Qué derroche de ignominia!
¡Qué buenos procuradores serian!
¡Qué espléndidos financieros harían!
¡Qué eficientes subsecretarios resultarían!
Ignoran desprecian olvidan la naturaleza humana
Sus trabajos sus misiones
Consiguen con su talento y frivolidad hacer sublimes
excelsos hasta los mismísimos versos
del ilustrísimo vate el Sr. D. Camilo J. Darío

VENECIA

No solo el poeta finge
como bien escribió Pessoa
Todo ser que se precie de ser ser
es un gran fingidor
El dolor la amargura la culpa
no son más que los aspectos más saludables
de su propia salvación
de su inminente resurrección y olvido.

EXCUSAS

La parte más noble del ser humano se materializa en el arte
Antonio López
insiste el ser humano en jugar con fuego en no decir la verdad
completa en mentir interesadamente aunque le cueste la vida
aunque la vida les vaya en ello

La vida les va en ello.

PEREZA

Cuántas poesías podría haber escrito si hubiese tenido
el atrevimiento el valor el talento para escribirlas
¡Cuántas vidas vividas! ¡Cuántos sueños! ¡Cuántos delirios!
Más después de todo
¿Quién adivina el genio? ¿Quién escucha el silencio?
Quién percibe la soledad la diferencia el miedo?
Esta no es mi tierra no es mi tierra
aunque aquí viva ame sufra muera
Por nada de lo que aquí sobrevivo amo sufro muero

NIEVE

No reflejan mas que dolor
mis palabras
felicidad esa palabra oblicua
ni la mientan
Pero qué esperan

MEMORIA

Recordamos el sol el calor el éxtasis
las temperaturas extremas
de un verano diletante y enfermizo
Ahora que los días se afean
y la lluvia encharca de nuevo los caminos
y la mano solo escribe garabatea boberías infames.

WHITMAN

Contigo aprendí a vivir a soñar a amar
a leer a escribir
Tú fuiste el culpable de mi generosidad mundana desbocada e
ingenua
tú despertastes en mi un abrazo solidario universal
para con los alacranes
A ratos en silencio no sé muy bien qué fue lo que realmente
aprendí de ti
Pero fuistes el primero rigurosamente cronológicamente cierto
y tu juventud tu vigor tu fuerza tu amor
hacia todas las cosas hacia todos los seres vivos y muertos
me hizo olvidar por un tiempo indefinido
mi debilidad mi tedio mi desamparo
Con tu calor arropastes mis noches frías
Con tus láminas de hierba verdes
iluminastes mi juventud provinciana proletaria y malherida
Con tus cantos vegetales adánicos
me empujastes aun mundo sin destino
sin más hicistes nacer en mi un deseo ignoto
hacia todo lo desconocido

Apuro las últimas horas de este día análogo
a tantos otros
medito solo liberado de su monotonía por tus
mayúsculas palabras
en medio de la noche
reanimando el deseo la fe
Recordando las primeras palabras que leí en mi vida
las primeras palabras que conmovieron mi espíritu

"Me celebro y me canto a mí mismo..."
Como aquella primera vez 25 años después
Madrid 1977
a pesar de mi nihilismo contemporáneo
—nada importa todo vale todo esta permitido—
de la desesperanza y la fatiga que conlleva la edad y los fracasos
aun resuenan en mis ojos libres amorosas jóvenes carnales
libres siempre libres fértiles y humanas.

REDOBLE

Nunca escribiré para los sátrapas
nunca leerán mis escritos el catedrático el sabio
los príncipes reinantes el académico
el libertador los buenos ciudadanos
Nunca seré santo de devoción de los cazadores solidarios
De los amantes superdotados
Por ello trabajo escribo difamo plagio
para que se cumplan mis sueños mis deseos más ordinarios
para resistir a los malvados
para no rendirme ante el poder de los macacos
para difundir mi palabra.

DESTIERRO

Eres como una oda a una primavera perdida lejana
que ya nadie recita escribe canta
Eres como el poema
que un hombre fracasado misántropo escribe
entre bambalinas
y que nadie leerá recordará algún día
entre ficticias lágrimas

DISCIPLINA

Las palabras me entran por los ojos
tan nítidas tan radiantes
como estrellas en la noche invernal
Yo simplemente las miro
las anoto las traiciono las denigro
las humillo las amo las profano

ASPEREZA

Refugiados en el cuarto oscuro del creativo anonimato
ocultos de la infatigable y perseverante nada
separados de la despreciable miseria
recurrimos a la ingratitud y a soberbia
para alcanzar las doradas cumbres de la gloria humana
Vivimos tal cual como ratas esterilizadas
en algún laboratorio público y clandestino
Seducidos por la palabra la mentira y el placer mas amargo
orgullosos de nuestro nuevo y carismático semblante
rumiando orgullo y vanidad
presumimos de nuestra pequeña e insignificante diferencia
de nuestra autoridad moral de nuestra hética
subversiva individualidad
Esclavos de nuestro propio destino

ARTE

Escribo porque no tengo nada mejor que hacer?
Porque soy un fracasado un megalómano
con sueños ilustres amargos?
Porque alguien me obliga a hacerlo?
Porque si no me reventaría los sesos?
Me gustaría saberlo
me gustaría que alguien me contestara
aunque solo fuera a una sola
de estas estúpidas e irrelevantes irreverentes preguntas

DESGARRO

Perdida mi fe mi esperanza
en mi fracaso en mi poesía
los días se vuelven
rencorosos paranoicos homicidas
Perdida mi confianza ciega en mi mismo
las noches retornan
vulnerables rotas nostálgicas suicidas.

TÁCTICA

No es poeta aquel que más sueña con serlo
aquel que tal vez más merezca serlo
Es poeta considerado poeta
aquel que mejor aprende conoce acepta las reglas del juego
que mejor se adapta a las condiciones del terreno
aquel que mejor actitud demuestra
para embellecer la miseria
para descender a los infiernos
y sobrevivir al incendio
No es poeta aquel que sueña mejorar trastocar el rumbo
naufragar en un mar en calma
cambiar el mundo

Es poeta aquel que escribe mas correctamente
las sílabas del desprecio del silabario alfabeto ajeno.

REFLEJO

Si al menos hubiera escrito un poema
Si al menos hubiera conseguido escribir un poema
Un poema tan solo un poema un verso cualquiera
La vida tal vez no me parecería tan soez y ordinaria
tan injusta y necesaria.

REQUIEM

Pudo Ajmatova
describir el horror
sentirlo sufrirlo
pero no pudo –derrotar– acabar
con la indignidad la impunidad
con la infamia.

INVENTARIO

Sí todos o al menos algunos de mis poemas escritos
fueran narrativos descriptivos informales intuitivos
Si todos mis poemas reflejaran experiencia pasión
indulgencia pornografía canibalismo
Sí todos mis poemas o al menos alguno de ellos
hubiesen sido escritos con letras de oro y hemoglobina
en amaneceres tropicales en oscuras noches boreales
tendría ya para una o dos antologías
y diez poemarios descatalogados inéditos
premios ninguno a tanto no aspiro ni llego ni merezco creo
Pero mis poemas son caóticos apresurados
plagios de otras inspiraciones mas adecuadas
subordinados mal comenzados mal enfocados
peor rematados etc etc... igual a como yo soy
mis poemas son fiel calco de la inoperancia y la desmesura
Por eso a pesar de la frondosidad y abundancia verborrea
de mis manos
no publicaré ninguno ni en editoriales inmundas del extrarradio
No podría ser de otra forma se mire por donde se mire
lo que yo soy soy y nadie más recordará que he sido
Ya está bien surtido el mundo de versolaris y pervertidos.

RUMBO

Desde la distancia enojada
de este fingido exilio autografío a duras penas
estas palabras mil veces repetidas
que confirman
para confirmar que aún estoy vivo.

MASA

A Cesar Vallejo

Como si uno solo fuera
como si de uno solo se tratara
como una sola personalidad
un solo concepto
apedrearon los cristales de la galería
minimalistamente iluminada
defecaron bilis en sus fríos mármoles
escupieron sobre sus cúpulas irisadas
Después de tan arriesgada faena
uno eran cien
dos manos mil
dos ojos millares de ojos
una idea un millón de ideas
un alma infinitas almas
una esperanza todas las esperanzas
todos los hombres un solo hombre
Y así hasta la victoria siempre

VIENTO

Me he pasado media vida escribiendo poemas incompletos
incorregibles
Me he pasado toda la vida soñando aventuras inverosímiles
indescriptibles
Me he pasado la vida desperdiciando la vida
Irreversiblemente. Ineludiblemente. Inexorablemente aturdido

MEMORIAS

De ti recibo la primera letra
la siguiente la robo al mendigo que llora mendiga en la esquina
de aquel al que nunca he visto
le tomo prestada la palabra
los consejos de aquel que ya ha muerto y no conozco
los utilizo a mi antojo
También al que considero amigo
le malinterpreto su sentencia
Finalizo con tu nombre y tu recuerdo
según la inviolable ley de la jungla
Así construyo mis poemas
Con la esperanza incierta de que alguien los lea
y los haga los crea míos.

DOGMA

Atrapa acoge esa idea esa palabra
esa luminosidad cósmica cegadora
aterciopelada esa voz indisciplinada arrogante irritante libre
Mater amantísima de orfandades míseras
de batallas perdidas de resistencias heroicas clandestinas
No la ignores
No la dejes escapar
no la olvides
Nunca mas volverá a ti
tan joven tan pura
tan virginal tan vigorosa
tan sensible tan física
tan desinteresada
No entretengas tu finito tiempo con deseos vacuos
Complácela materialízala
Caligrafíala.

EPIGRAMA

Escribir la última palabra el último verso
del último poema
antes de que las miradas desconocidas
ocultas nos cieguen nos reconozcan
nos enamoren para siempre
Antes de poder ser
lo que ya nunca no seremos.

VENGANZA

Con un sobresalto carnal divino
despertarán los poetas
para hacer justicia sobre la tierra
ya que los jueces divinos y humanos
últimamente solo beben cobran se exhiben
callan prevarican se enriquecen y esperan

RECONOCIMIENTO

Batiré records
entraré en el libro rojo o negro de los Guinness
me sentiré perverso libre
odiando a todos los poetas
Pasaré a la historia
El mundo me recordará
como el poeta menos leído
como el autor menos vendido
como el bufón menos afortunado
en el canon de los amanuenses diplomados riopacenses

CONFESIÓN

Tu vida no es la vida de un poeta
Tus afanes y preocupaciones no son las de un poeta
Tu esencia tu existencia en nada se parecen a las de un poeta
Nada en ti se asemeja a un poeta
Tan solo tu soledad tu intransigencia se acercan a la soledad íntima
a la intransigencia moral de un verdadero poeta
Recuérdalo cuando tengas que enfrentarte
al fracaso al desánimo a los días oscuros y a las mañanas radiantes
a las rastreras y últimas terminales palabras verbos
voluntades

ANÓNIMO

Cuál era la causa real la razón compleja
de tu irreparable impagable talento
Qué escondías detrás de tu agitada vida
inferior
Detrás de tu desasosiego lúcido e certo
de tu flagrante delito
Qué escondías?
Cuál es la verdad de todo esto? cuál el misterio?

Solo tú puedes saberlo solo tú tienes la clave
de este –perpetuo– misterio

Cómo debo llamarte Alberto Álvaro
Ricardo Bernardo Fernando...
Cómo debo llamarte

Medio judío
Medio portugués
Medio hombre
Medio...

Cómo debo entenderte leerte
Cómo puedo agradecerte tus palabras
tu sinceridad turbia tu fracaso épico triunfal
Cómo puedo hacerte justicia
sin preocuparme de ti sin traicionarte
respetando tu libertad infinita

"No me cojáis del brazo
no quiero que me cojan del brazo
Quiero ser libre Quiero estar solo ser libre "
Tu moral perfecta
tu desprecio a los culpables a la multitud
tu amor humano a los dioses

Por primera y última vez en mi vida
como aquel alemán ininteligible
escojo la traición al desorden
y proclamo mi lealtad mi gratitud
hacia las manos que escribieron un día

Quisiera revelarme en un mitin dentro de mi alma
pero ni eso puedo.....
..... y no soy ruso ni romántico ni poeta
ni ingeniero ni marinero activo.

...... Encárate en frio y encara en frio lo que somos ...

Cómo debo escribirte respetar tu silencio
tus emociones autistas
tus estandartes vacíos viejos rendidos
sin caer en la superstición en la violencia en la agresividad
en la ignominia

Cómo debo callarme para no molestar tus sueños fríos.
Qué he de hacer para asumir tus palabras inviolables justas
Cómo he de vivir sin parecerme a ti a mí mismo a nadie

INSTINTO

Escribo con la misma inconsciencia
que un hombre que vive y muere
con la misma indiferencia que
que un niño que juega
con la misma inocencia
que un joven que ama y desea
con la misma insatisfacción
que un poeta que codicia y sueña
Pero nunca con la misma frialdad
de un hombre que piensa
legista ejecuta envejece agoniza y procrea

PUDOR

Tendré que moderar un poco mi lenguaje fastuoso y lagrimal
cercenar un pedazo de mi lengua viperina y otoñal
rebajar mis pretensiones literarias crematística poéticas
despertar de mis sueños líricos épicos dramáticos jungerianos
Dejar la inmortalidad para mis enemigos
desnudar mi soberbia inmadura infantil aristocrática revolucionaria
bajar descender a tierra
salir de los infiernos

Para que el futuro de todos no me tome
por un Campoamor estreñido autosuficiente
insatisfecho megalómano inaguantable indiferente
Para que los demás algún día no me juzguen
con benevolencia lástima o indulgencia

Para no ser el hazmerreír de todos en los siglos venideros

recurrentes

ESTIRPES

Estos son mis libros por riguroso orden cronológico
mi voz rota aullando en medio de apóstrofes y ruinas

Estos son mis libros

Canto a mí mismo WHITMAN
Obra completa RIMBAUD
El lobo estepario HERMANN HESSE
Antología de Álvaro de Campos PESSOA
El oficio de vivir el oficio de ser poeta PAVESE
El extranjero CAMUS
Longa noite de pedra FERREIRO
Memorias de un neno labrego NEIRA VILAS
Vida de un hombre UNGARETTI
Escucha hombrecito WILHEM REICH

Estos son mis libros mis ríos fluyendo hacia lo desconocido
hacia el futuro un día hacia el mar infinito siempre
Estos son mis libros esta es mi vida
sin ellos no hubiese podido aguantar tanta indiferencia
tanta calumnia e infamia tanta superchería
Estos son mis libros las fuentes de mi eterna juventud
dudo que mi caminar fuese el mismo sin ellos
que mi destino fuera el mismo sin ellos
que mi fuerza mi invulnerabilidad mi frágil insobornabilidad
la frágil insobornabilidad humana fuera la misma sin ellos
que mi soledad mi sacrificio fuera el mismo sin ellos
que mi muerte fuera la misma sin ellos
que yo mismo fuera el mismo yo mismo sin ellos.

VICIO 1970 - 2000

Vicio inmoral pernicioso adolescente
Vicio

En tu peligrosa compañía
acurrucado entre viejos colchones de borra
o acostado sobre divanes de madera reseca
pasé largas tardes y largas noches ajenas
sin saber sin preocuparme
que iba a ser de mí mañana por la tarde
con los ojos puestos en tu balsámica satisfacción
y la conciencia en tu goce eterno
saboreando el jugoso zumo de frutas exóticas
que desde lejanos mundos primitivos
traías para mí
Deleitándome con tus caricias amargas
deudoras de soledad
Mitigando mi aflicción
con tu placer dolor intenso inmenso

He entrado en ti
Siento tu grácil dependencia

Te siento en mis venas en mi cerebro
en mis músculos en mis sueños

Has entrado en mí
Has ensanchado mi visión periferica incomprensible nocturna
mundana
Has abierto de par en par las ventanas del voluptuosidad
Del dolor de la culpa
Soltarte libre ya no puedo
Esta mañana los balcones de las calles amigas extrañas
se han llenado de flores rosas azucenas magnolias
pensamientos crisantemos....

La eterna primavera engalana mi torpeza

Pequeño solitario instintivo reprimido vicio
Estarás conmigo hasta el fin

Juntos tú y yo

Y nuestra satisfacción mutua oculta egoísta amable
creativa

Juntos hasta el fin.

PLEGARIA

Te quiero
igual que Holderlind amó a Susette Bronkenstein
Como Kavafis amó a los jóvenes estibadores
de piel aceitunada en los burdeles de Estambul
Como Fernando Pessoa amó a Ofelia Queiroz
desde su despacho lisboeta y desnudo
Con la misma intensidad ingenuidad y adolescencia
con la cual amé yo a Blanca durante todo mi Bachillerato
Como la reseca tierra ama la tardía lluvia
Como un día ya lejano cuasi ya olvidado
perdido en la inmensidad inutilidad del tiempo
del espacio infinito del fracaso de las horas
amé un ideal de belleza justicia y libertad
bajo un cielo azul de rutilantes y abrasadoras estrellas
mendigas y desafiantes constelaciones
Te quiero así te quiero
Así te amo así te sueño así te ignoro
así te olvido así te pierdo.

A HERBA

A C. E. Ferreiro e a X. Neira Vilas

" A vaca é d'onde pace non d'onde nace"
Herba esmagada dos primeiros interminabeles esquezidos
amenceres da miña vida
un bico somentes poido darche agora
niste día humido gris
coa friura e a morriña apodrecendo amodiño
despiedosamente a miña ialma esmorente dorida breada
Déixame imaxinar que ti
me queres igoal tal coma eu son
Asin de calquer maneira.

ÍNDICE

www.ingramcontent.com/pod-product-compliance
Lightning Source LLC
Chambersburg PA
CBHW071417040426
42445CB00012BA/1192